Syllabes magiques
CP

Écrit par
Isabelle Petit-Jean
Illustré par
Rémi Picard
Esther Taïeb

Nathan

Je vois												
	a	a	e	e	i	i	o	o	u	u	y	y
	A	A	E	E	I	I	O	O	U	U	Y	Y
Je colorie	orange		vert		bleu		marron		rouge		noir	

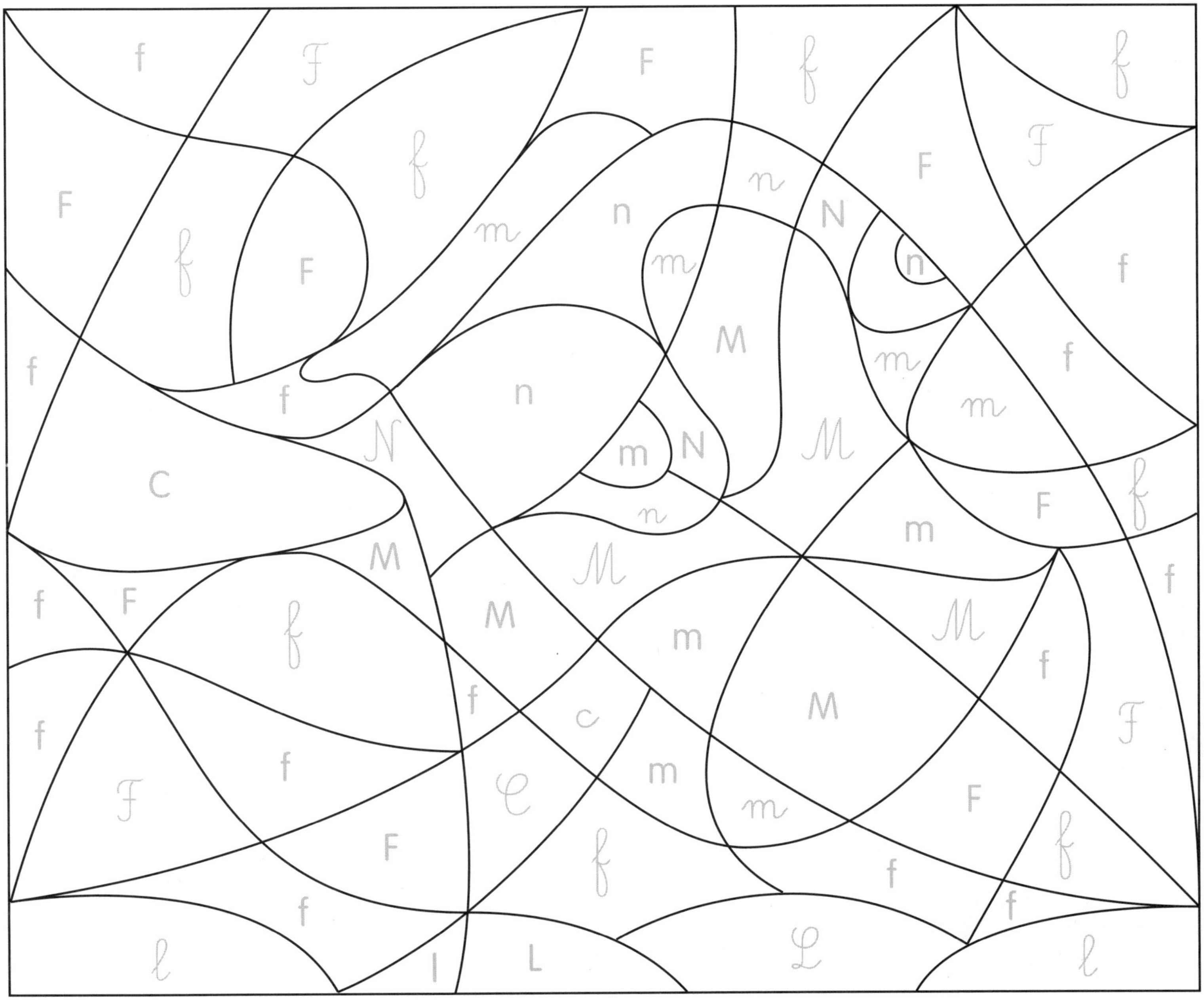

Je vois	c c C 𝒞	f 𝒻 F ℱ	l ℓ L ℒ	m 𝓂 M ℳ	n 𝓃 N 𝒩
Je colorie	jaune	bleu clair	vert	violet	noir

	r	s	t	v	w	x
 Je vois	r r R R	s s S S	t t T T	v v V V	w w W W	x x X X
 Je colorie	vert	marron foncé	orange	rouge	violet	bleu clair

RECONNAÎTRE LES LETTRES CONSONNES : R, S, T, V, W, X

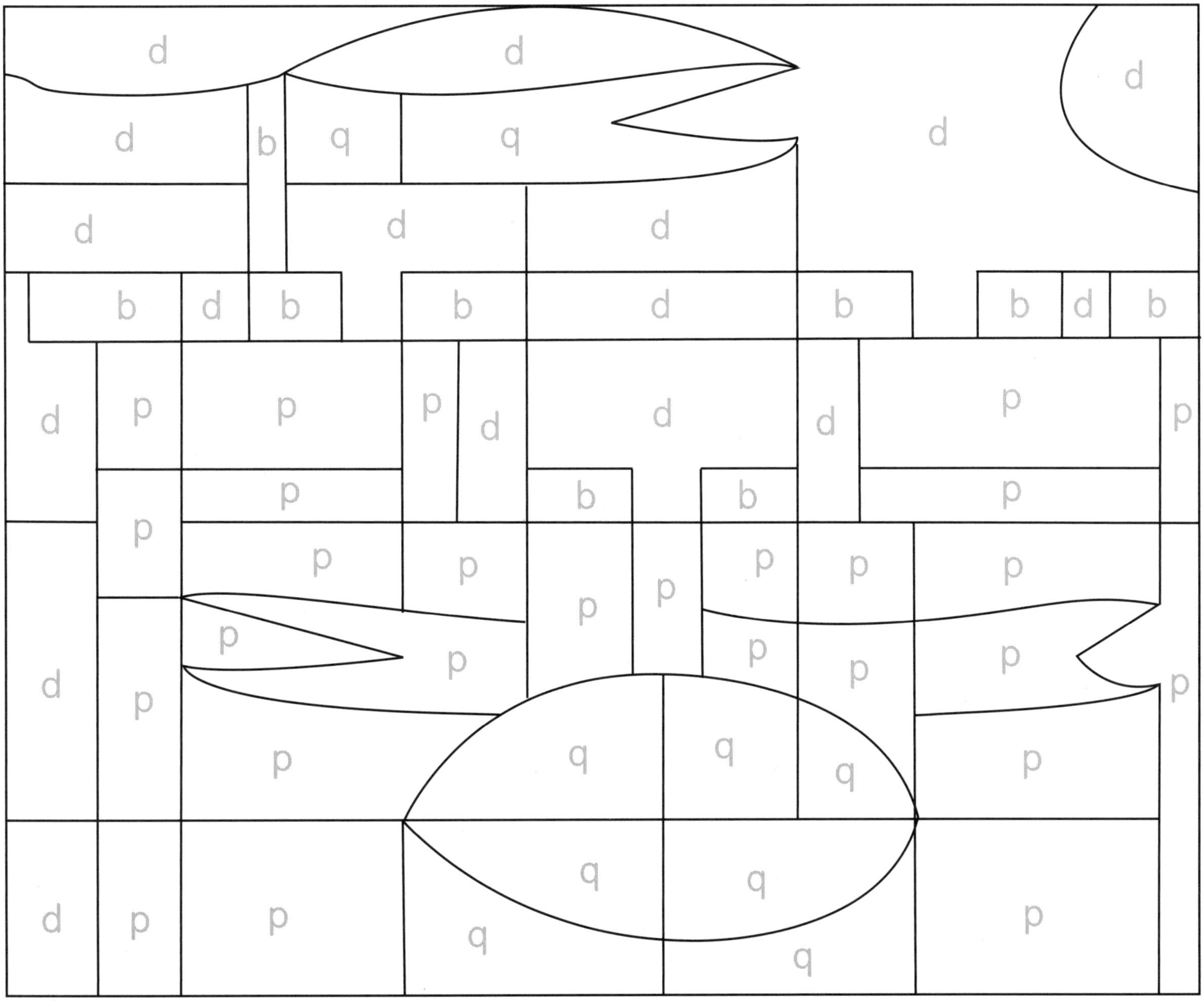

Je vois	p	d	b	q
Je colorie	marron clair	bleu	marron foncé	vert

Je vois	...a	...e	...i	...u	...o	...on	...ou
	...a	...e	...i	...u	...o	...on	...ou
Je colorie	vert	rouge	marron	jaune	orange	bleu	noir

Je vois	on	an	en	in	no	na	ne	ni
Je colorie	blanc	vert	rose	jaune	bleu	marron	violet	orange

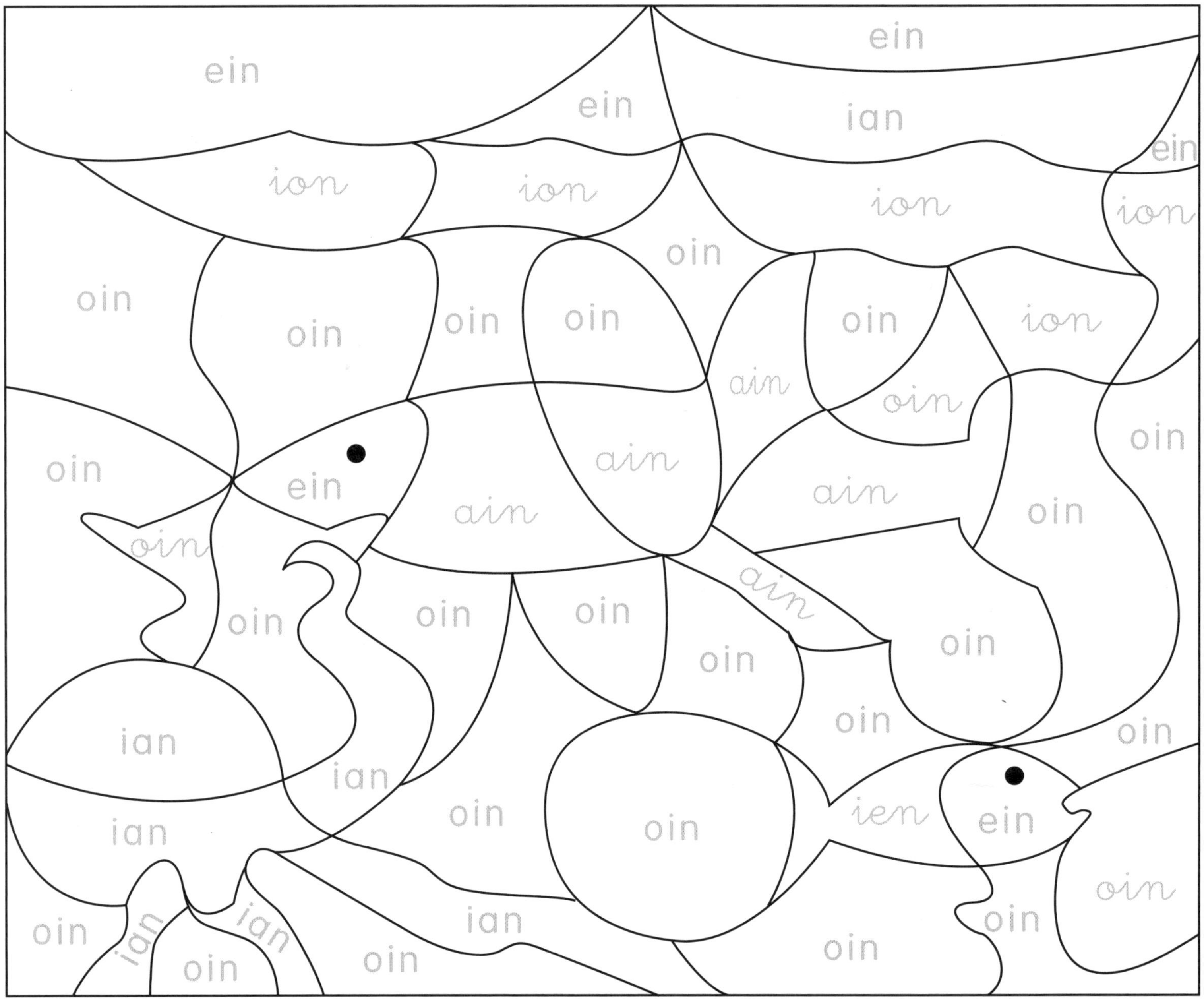

Je vois	oin	ain	ein	ion	ian	ien
Je colorie	bleu foncé	rouge	jaune	bleu clair	violet	vert

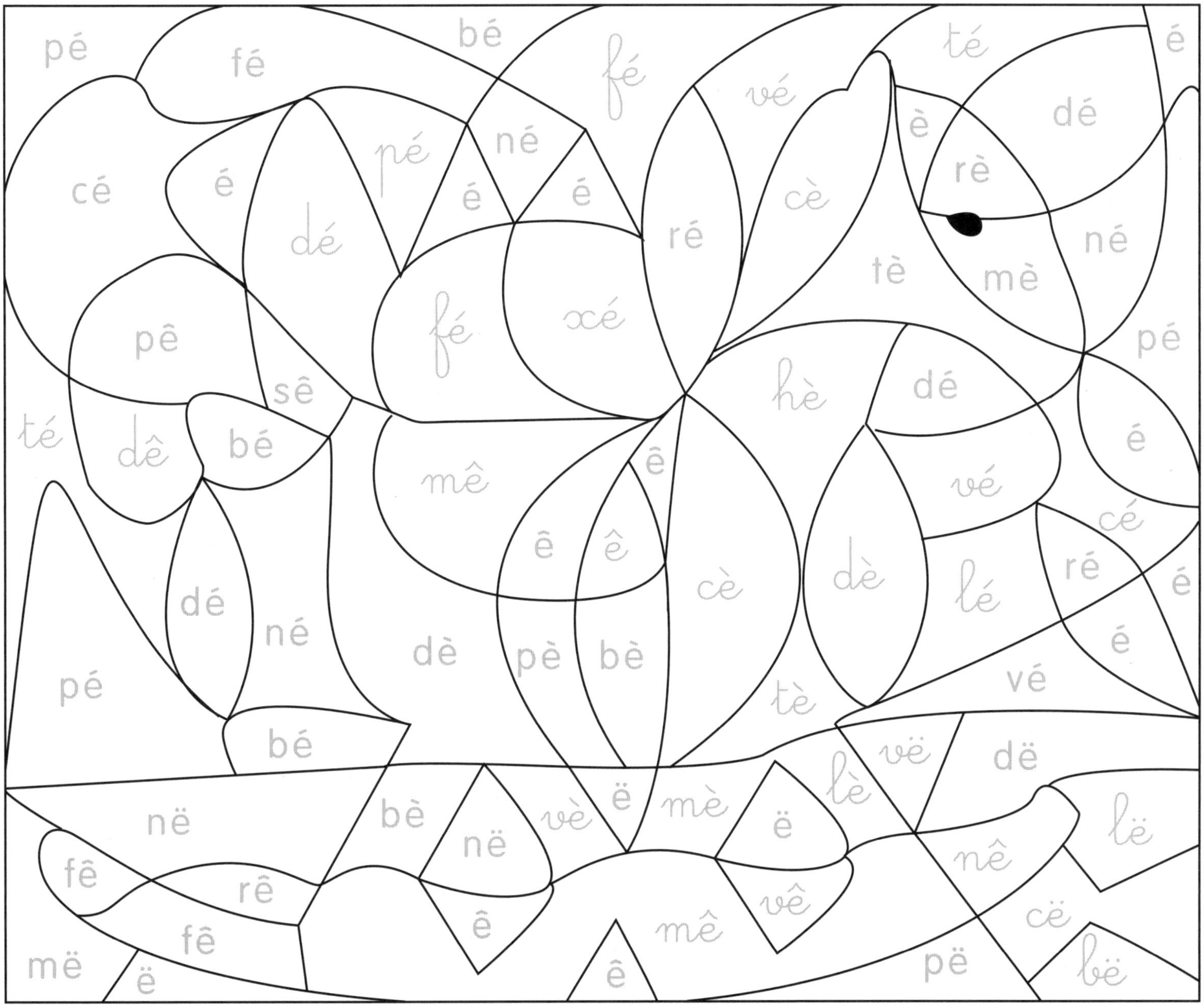

Je vois	...é ...é	...è ...è	...ê ...ê	...ë ...ë
Je colorie	vert clair	marron	violet	jaune

Je vois	ton	bou	roi	nou	dou	pon	voi	lou
	TON	BOU	ROI	NOU	DOU	PON	VOI	LOU
	ton	bou	roi	nou	dou	pon	voi	lou
Je colorie	vert	violet	bleu	orange	rouge	rose	jaune	marron

RECONNAÎTRE DES SYLLABES : ROI/VOI, TON/PON, BOU/DOU, NOU/LOU

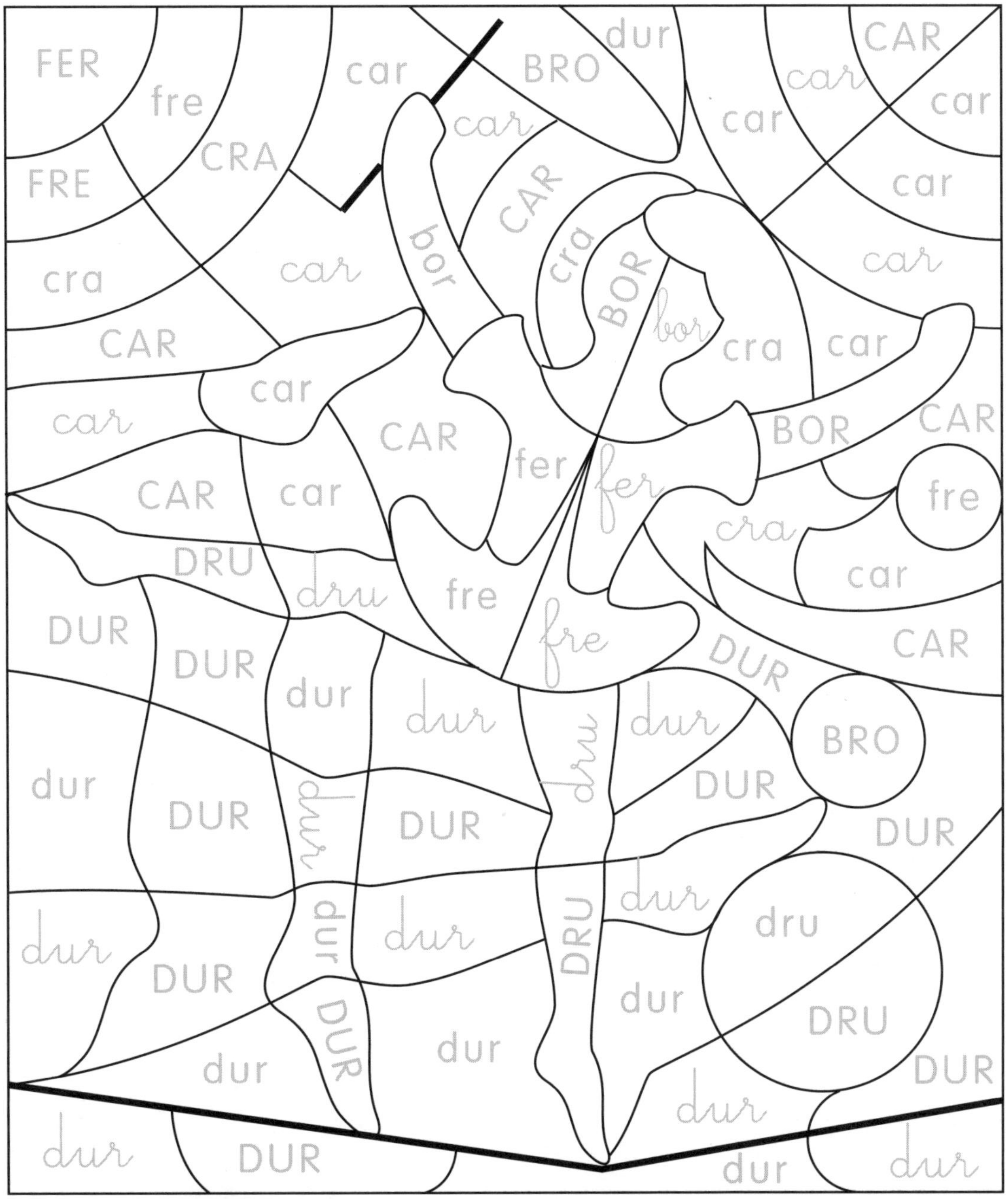

Je vois	car	fer	dur	bor	cra	fre	dru	bro
	CAR	FER	DUR	BOR	CRA	FRE	DRU	BRO
	car	fer	dur	bor	cra	fre	dru	bro
Je colorie	bleu clair	rouge	vert	rose	jaune	orange	bleu foncé	violet

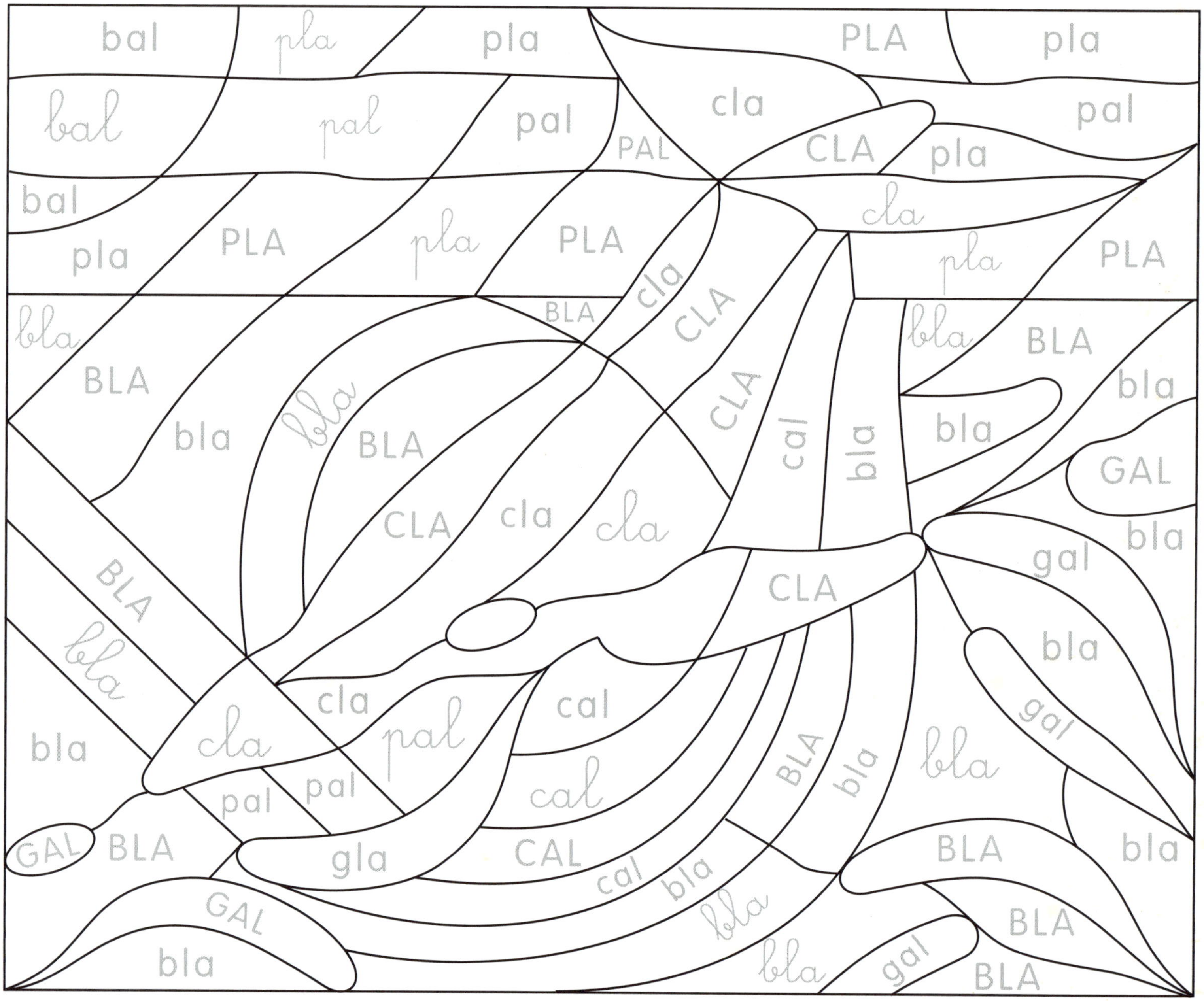

Je vois	*cal*	*bal*	*pal*	*gal*	*cla*	*bla*	*pla*	*gla*
	CAL	BAL	PAL	GAL	CLA	BLA	PLA	GLA
	cal	bal	pal	gal	cla	bla	pla	gla
Je colorie	gris	jaune	blanc	marron	noir	bleu foncé	bleu clair	rose

Je vois	...pa...	...te...	...bo...	...lu...	...mi...	...nu...	...vo...	...py...	...ca...
Je colorie	bleu clair	vert	rose	noir	marron	jaune	violet	rouge	bleu foncé

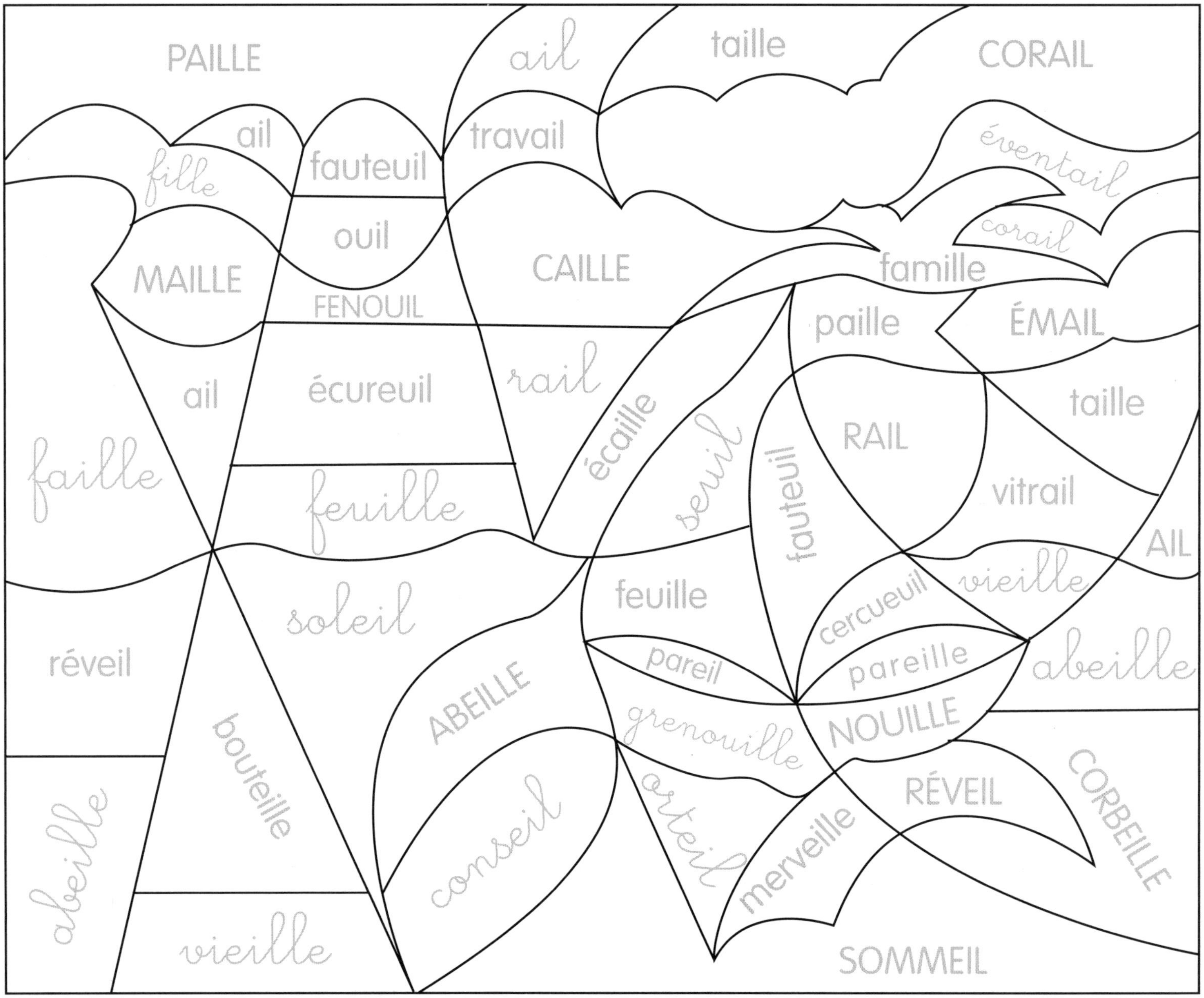

Je vois	...ail ...aille	...eil ...eille	...euil ...euille	...ouil ...ouille	...ille
Je colorie	bleu clair	bleu foncé	vert	jaune	blanc

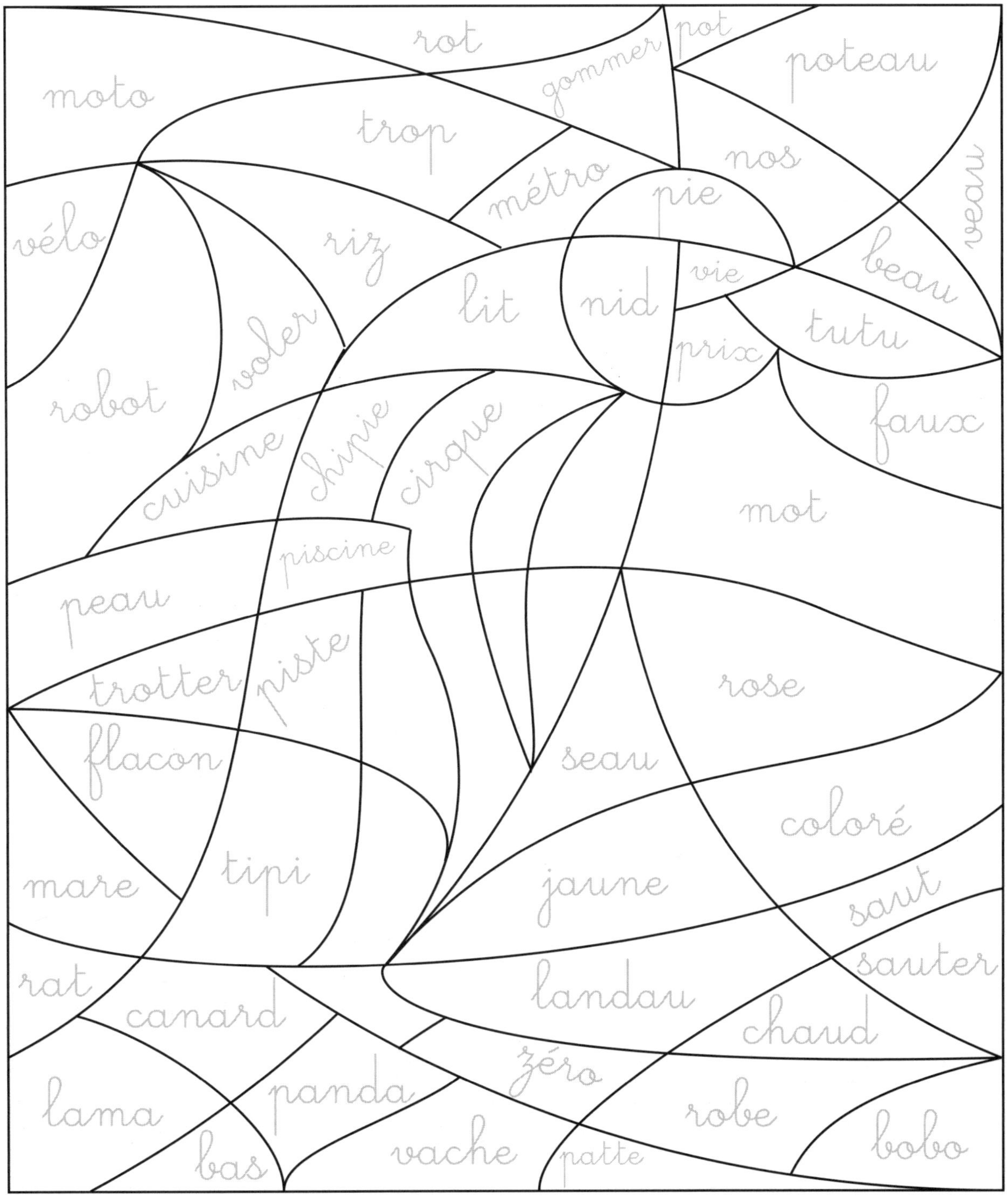

J'entends	i	a	o	u
Je colorie	noir	vert	violet	jaune

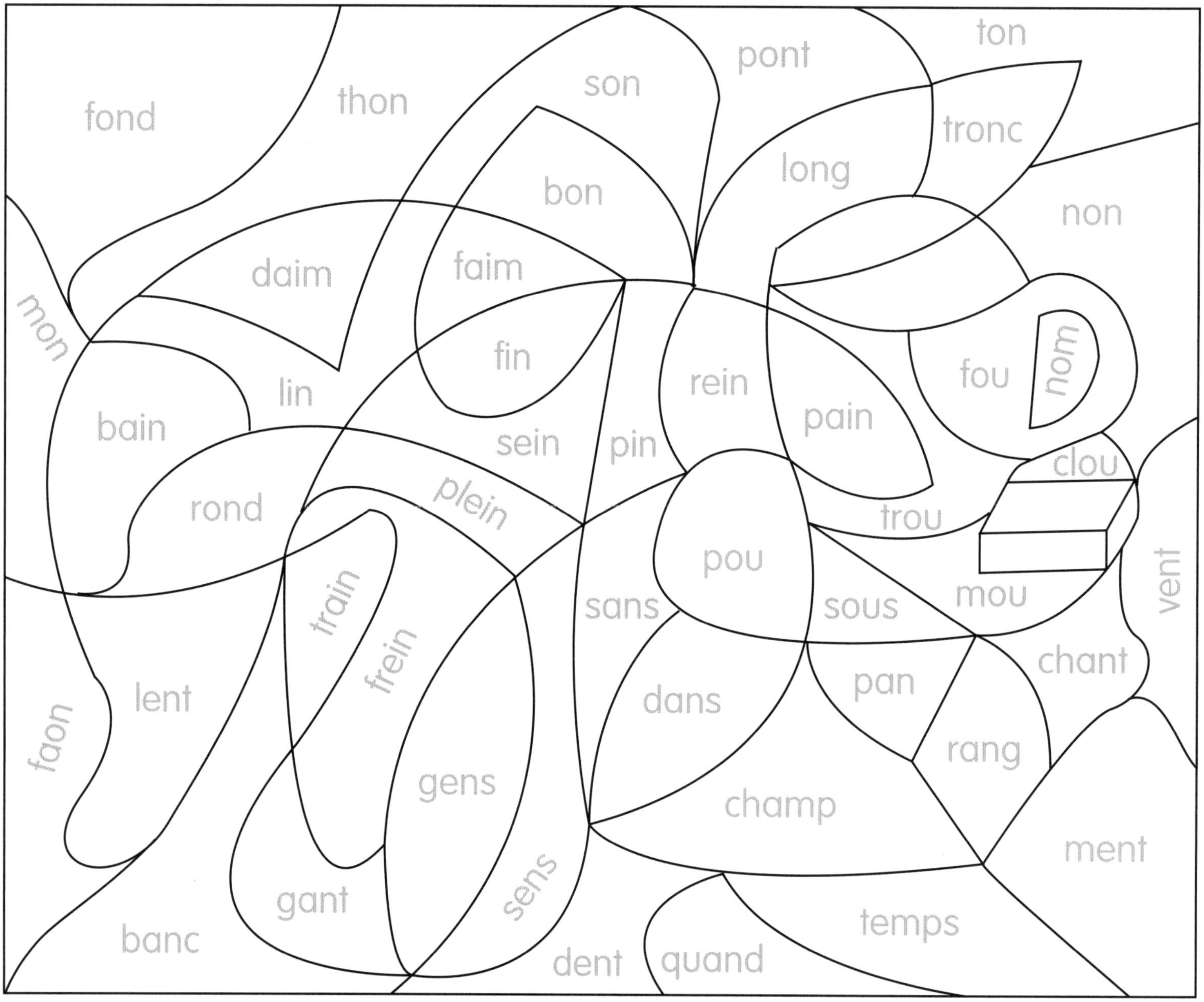

J'entends	in	an	on	ou
Je colorie	marron	vert	rouge	bleu clair

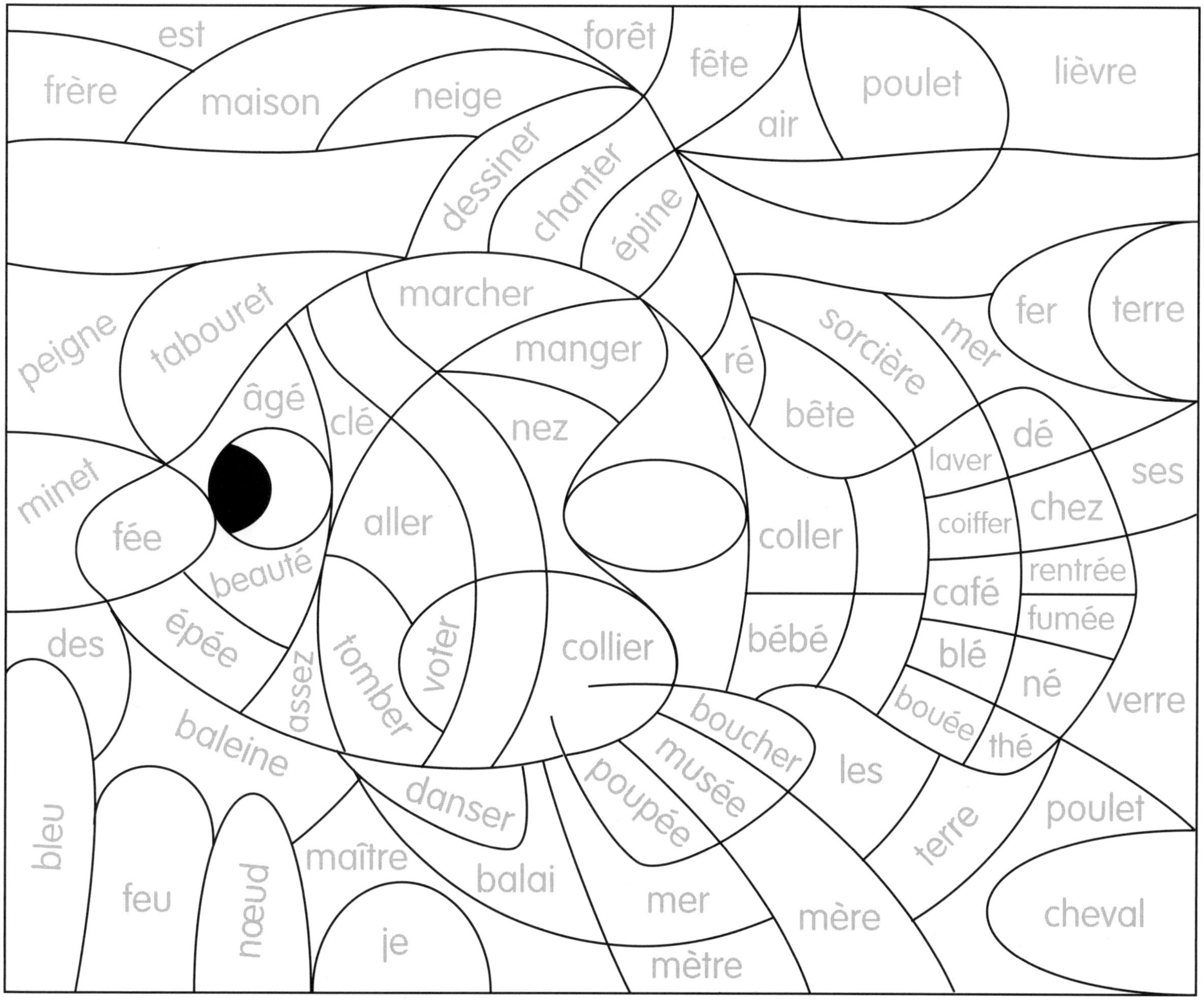

J'entends	é	è	e
Je colorie	orange	bleu	vert

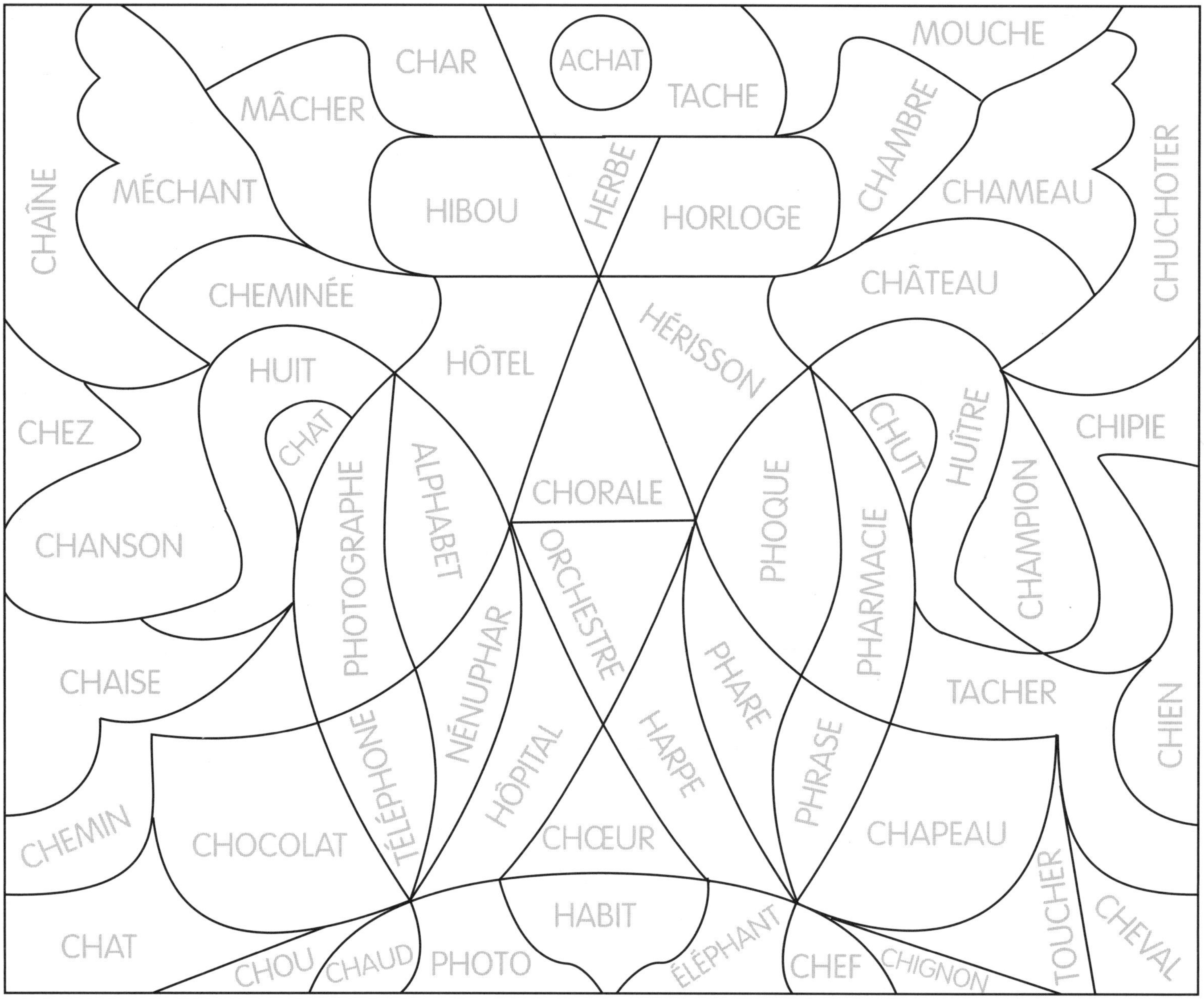

J'entends	ch	f	k	...
Je colorie	rouge	bleu	jaune	violet

J'entends	j	gu	s	k	...
Je colorie	vert	rouge	bleu	marron	jaune

J'entends	z	s	...
Je colorie	jaune	vert	violet

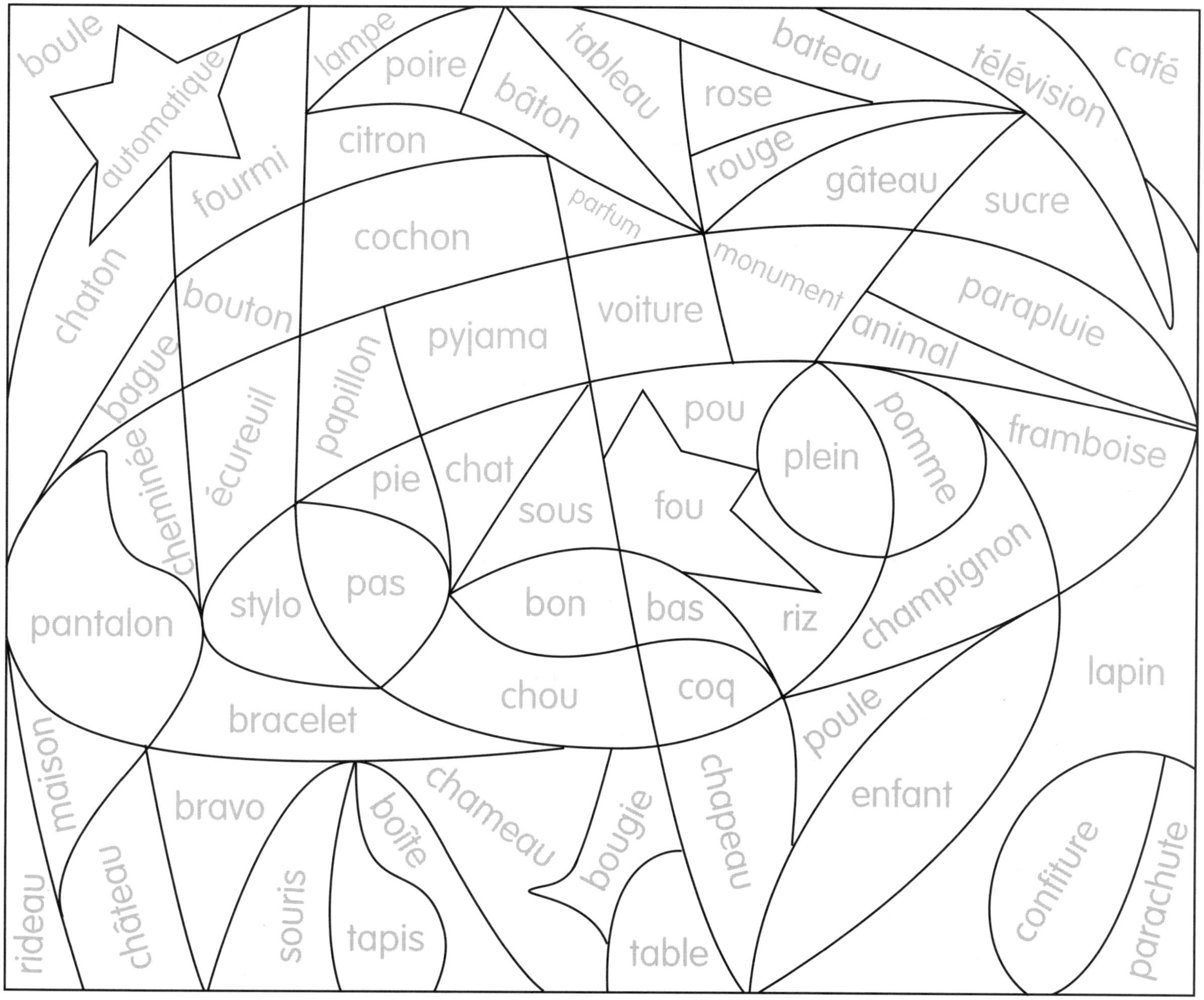

Je lis	1 syllabe	2 syllabes	3 syllabes	4 syllabes	5 syllabes
Je colorie	rouge	bleu	vert	orange	jaune

Je lis	animaux	vêtements	objets	légumes	fruits
Je colorie	bleu	orange	vert clair	rouge	jaune

Je lis	ce qui est rond	ce qui vole	ce qui coupe	ce qui brille	ce qui se mange	ce qui se lit
Je colorie	orange	bleu foncé	vert	jaune	violet	rose

Au revoir et à bientôt…

pour d'autres cahiers à colorier !

Direction éditoriale : Odette DÉNOMMÉE
Conception de la collection : Anne-Sophie CAYREY, Mông Thu VALAKOON
Édition : Anne-Sophie de ROCHEMONTEIX
Création maquette et couverture : Kati FLEURY
Composition : JPM sa
 ISBN : 978.2.09.186118.0
N° d'éditeur : 10157603 - JPM sa - Février 2009
Imprimé en France par CPI - Hérissey à Évreux (Eure)